BOMBYX MORI

BOMBYX MORI

Marjha Paulino

Valparaíso
EDICIONES

Número 435 de la Colección VALPARAÍSO DE POESÍA
dirigida por FEDERICO DÍAZ-GRANADOS

Diseño y maquetación: Chari Nogales
www.charinogales.com *@chari_nogales*
Imagen de portada: Marjha Paulino

Primera edición: septiembre de 2024

C/ Fray Leopoldo, 7 Bajo 18014 Granada
www.valparaisoediciones.es

ISBN: 978-84-10073-66-1
Depósito Legal: GR 1332-2024

Impreso en España - *Printed in Spain*
Gráficas Gami

A las maestras Kryssla Martínez, Delfina Bejarano, Antonieta Roque Cleofas Feliciano, Maura Bautista, Isboset Beninu.

A Alexandrina, a mi hermana y a mi familia, como siempre.

Dicen que el nombre de Usila significa lugar de colibríes, pero no saben que es un error de traducción, en realidad significa lugar que repica, como cuando toca una campana, por los sonidos del agua contra las piedras de río.

ISBOSET BENINU HERNÁNDEZ

"…porque nosotras tenemos ríos adentro y a veces se nos salen, tus ríos aún no crecen, pero pronto lo harán".

NADIA LÓPEZ GARCÍA

PRÓLOGO

Quien escribe, teje. Texto proviene del latín, 'textum'
que significa tejido.
Con hilos de palabras vamos diciendo,
con hilos de tiempo vamos viviendo.
Los textos son como nosotros: tejidos que andan.

EDUARDO GALEANO

Somos tejedoras de palabras, vamos tejiendo una gran red o una gran hamaca donde las otras puedan ir a recostarse o a echar al mar y saciar su hambre, Marjha nos recuerda que cada cosa aprendida y enseñada por nuestras madres y abuelas se nos transmitió para tener un espacio en el mundo, tal como ellas lo hicieron en su momento.

Hay algo que se siente muy natural en nuestro cuerpo cuando hacemos poesía, un lugar conocido, desde siglos atrás hicimos poemas con las manos, con los pies, con los ojos, vino también el canto que fue antes de la escritura, hicimos poemas antes de llamarles poemas. Antes de escribir estuvo la oralidad y en medio estuvo el tejido.

—Que borden las mujeres —dijeron, pero para nosotras significó: —Que canten y preserven la memoria de nuestros pueblos en hilos y telares, que les den a sus hijas unas alas de estambre para que estén siempre en el cielo, libres, que nuestra memoria se guarde en sus patrones de flores, de pájaros, de árboles, en los colores, en el tejernos unas con otras, con nuestros y con otros territorios a través del tiempo.

Guardianas de la historia, las maestras tejedoras son maestras de la vida, las maestras tejedoras son poetas, como Delfina, Doña Cleofas, Krysla, Maura, mujeres de quienes se nos va bordando su historia, sus pensares y sentires en cada página.

Desde un telar bien pudo crearse el universo, quizá no desde una explosión, no desde la destrucción si no desde la suave y firme manera de tejer, de unir, de dar vida, de crear.

Todo lo que es nuestro buscan robarlo, la tierra, el agua, el aire, las palabras, lo que nuestras manos hacen, nada de lo que el Estado conciba como mágico o patrimonio y que venga de nuestros cuerpos y corazones es para ellos, nada es para ellos, no hay manera de ponerle un precio. Mantener vivos nuestros haceres es una forma de resistir, de oponernos a sus mercados, a sus monedas, a sus formas, no alcanza la concepción que ellos tienen de artesanía para toda la vida que hay en cada pieza, en cada abuela o abuelo enseñando a sus hijxs y a sus nietxs su labor, ojalá pudieran ver más allá de sus propias categorías, decir tal vez artesanar, arteluchar, artevivir, arteexistir, recordarles que no existen las creaciones de las artesanas y artesanos solo para su consumo estético, existen para atestiguar, para escribir y contar historias a través del tiempo, mantener de alguna forma, siempre viva su existencia y eso no lo pueden arrebatar.

VICTORIA EQUIHUA

CABECERA DE LA URDIMBRE

Se traen los hilos
desde un lugar
más allá de estas montañas
a veces desde Oaxaca
o desde México
se venden
y se revenden
madejas y carretes
para comenzar a trabajar

LOS HILOS SE SEPARAN
de una hebra salen seis
solo se necesitan tres
para este telar
que tiene vida propia
que se enreda a veces en mí
me atrapa dentro de un largo sueño
que no dura años, sino siglos
escucho así
unas voces que me alejan
en otro idioma pero que me guían
para comenzar

UN HILO ES EL QUE COMIENZA AL MUNDO
nadie nos contó
que unas manos gigantes
comenzaron a bordar
las cosas que conocemos
si te acercas a un microscopio
verás
las minúsculas fibras
que se entrelazan
como si se estuvieran
abrazando

Las manos de la maestra Cleofas tejen al mundo, las manos de doña Maura le dan las formas a las sombras del mundo yo solo soy la observante soy intrusa en este arenal, en esta tierra que fue la tierra que parió a mis ancestras, el barro rojo recorrió la frente de mi madre exudado cada vez que luchaba por reinventar su propio nombre.

RUEGA
Cuerda de telar
ruega por nosotras
correa de cintura
ruega por nosotras
palo golpeador
ruega por nosotras
palo de enrollado
ruega por nosotras
lanzadera plana
ruega por nosotras
palo de calada
ruega por nosotras
palo de lizos
ruega por nosotras
ruega por nosotras santa
urdimbre creadora
para que estas manos
se mimeticen con este telar

LOS COLORES DE LOS HILOS IMPORTAN
Importa cómo los ves
en tu cabeza
Me gustan mis hilos
y las figuras que se trazan
en ellos
aún antes de atraparlos
con mi telar
me gusta desde la idea
me gusta pensar que hay más colores por inventar
que hay combinaciones, nuevas hechuras
nuevos trazos de historias
que nadie podrá robar

LOS HOMBRES NO PUEDEN VER
cuándo tendemos los hilos
no se les permite ver
el inicio del huipil
el tejido se encuata
se estropea con la mirada del hombre
es una regla que se debe seguir
ellos lo saben
y nos dejan
enredarnos
con las borlas
que caen de nuestra cabeza
porque cuando tejemos
nos convertimos todas
en una misma hebra

MIS MANOS ALINEAN LOS HILOS
uno a uno caen en mi mano
su caída es como el río
que baja por la montaña
la voz que nunca calla
que habla el lenguaje del agua

Soy el gusano de seda
me enteré hace poco cómo
esos bichitos hacen los hilos
miré las imágenes
que pasaban frente a mí
resumiendo meses en una hora
los ves tan tiernitos
apenas blanco como flatándoles color
el gusano es bonito
se parece a las cejas de mi padre
y aunque mis hilos no se sacan así
me siento como un gusano de seda
enredada entre las hebras
de mis palabras
convertida en capullo
hecho del hilo
más colorido

Todos sabemos que el hilo
se saca de la tierra
pero un hilo también
sale del corazón de un árbol
y llega hasta las manos
de una joven tejedora
que también es yo
porque borda mi pasado
también es mi presente
queriendo hablar
en el idioma del hilo

LAS BORLAS TIENEN YA SUS KILÓMETROS RECORRIDOS
imagina el algodón
recogido por las manos
de una persona que no tiene nombre
que se pone a dividir la fibra de las semillas
hasta formar hilos de varias hebras
peina las hebras blancas como si fueran el cabello
de su propia abuela
para teñir los hilos
toma los colores de la tierra
y se pone indecisa
de usar el *azul-langostino* o *grispiedraderío*
al final elige todos los que se encuentra
hasta el *mangoreciéncaído* y el *gengibrereciéncortado*
porque cuando llegan a mis manos puedo sentir el color
cómo palpita en sus manos y en las mías
y siento cómo se dejarán maniobrar por una

No quiero que los hilos
se enreden
en mi cabeza
una tiene que aprender
a dejar salir
el agua de río
que se me anegó
en los ojos
hace muchos años
adentro de mí
suena agua
la escucho cada que me muevo
la escucho en las noches
haciendo olas en mi estómago
despierto mareada
por el agua que aún tengo adentro

A Kryssla su madre no la enseñó a tejer
pues no le serviría de mucho si quería ser enfermera,
disfrutaba verla tejer todo el día, veía que las figuras
que salían de sus dedos respiraban solitasuna vez que
agarraban forma. Su madre también es madre de los
animales que teje.

HASTA QUE ME CASÉ
mi suegra me enseñó el telar
yo no sabía nada
poco a poco
me enseñó sus secretos
que también se volvieron los míos
frente a sus manos
mi rostro también
se iba hilvanando

LOS NIÑOS ME DICEN
que me parezco a la araña
siempre entretenida
con sus hilos

los niños y sus voces a lo lejos
los niños
que no tuve tampoco
los niños
que no tendré
los niños que se ríen
de esta soledad a veces

ACURRUCAMOS LAS BORLAS EN CANASTAS
junto a nuestro telar
las mecemos un poco
para que se acostumbren a esta altura
porque no vienen de estas montañas
hay que soplarles nuestro aliento
para que se aclimaten a este aire

Hay un paso extra del que nadie me habla
veo a Doña Cleofas hablar antes con ellas
dice que es para que no se pongan rejegas
aunque me dicen, que nunca han visto que lo hagan

Cuando era niña yo nunca pensé en el hilo
solo recuerdo
los hilos que usaba mamá
para zurcir los vestidos
que dejaba roídos
por estar todo el día corriendo
mi relación con el hilo cambió
cuando aprendí
que las mujeres de mi familia nacieron
con un hilo en la boca
que les impedía
decir sus sufrimientos

LAS HEBRAS QUE SE TRAZAN EN MIS MANOS
también me sirven de orientación

Me decían que se puede ver el futuro
cuando extiendes tu palma izquierda
quiero pensar que mis manos
crean futuros también
en las líneas que hago con mis hilos
puedes encontrarme

y los registros de esta historia
gracias a mi huipil

TODAS LAS TELAS TIENEN UNA HISTORIA
Crecemos creyendo que el algodón
crece juntito como nubes
que puedes tocar con tus manos
el algodón también parece un rebaño
de borregos que nacen libres en la tierra
he visto las imágenes de los campos de nubecillas
antes se usaban hilos teñidos de forma natural
se molían las flores, los frutos, la cochinilla
y se ponían a remojar con agua
y luego se les echaba la pieza que se iba a pintar
ahora todo se hace industrial
mis hilos de colores sintéticos
no le quitan fuerza a mi trabajo
el amor con el que hago mis piezas
es el que me las tiñe también

URDIMBRE

Pienso en que nunca he sido diestra
para aprender algo manual
pienso en mi abuela
la madre de mi padre y cómo nunca
mantuvimos una relación estrecha
pienso, estando en esta montaña,
cuando ella intentó enseñarme a bordar con estambres
su mano no se movía bien por la embolia que la afectó
su mano, como un gancho
movía lento las hebras
su voz
me daba la instrucción
de enredarlo y ensartarlo lentamente
el recuerdo de su rostro aún
se va hilvanando cuando pienso en ella

SOY HILANDERA DEL PUEBLO
huipilera y artesana me llaman
maestra soy a veces
aunque la maestra es mamá
ahora ella le enseña el telar a una vecina
las dos se cuentan historias
en nuestra lengua hogar
antes de que el sol se vaya a acostar
detrás del cerro

No quiero pensar en mi muerte
pero la invitación la vengo cargando
desde pequeñas nos dicen
hay que tejer el huipil con el que van a enterrarte
a mi edad
ya no juego con la muerte
ya no nado en el río ni ando fuera tarde
uso mi huipil todos los días
para que venga aquella a llevarme
cuando así lo quiera

Reunidas en la terraza
frente al Cerro Casa
las maestras Cleofas y Maura
comienzan a tejer
la postura de sus espaldas
me recuerdan a la punta
de un ganchillo de costura

YO NO QUISE APRENDER TELAR
mi madre sí lo sabía y una que otra vez
me hacía huipiles que tengo bien guardados
serán los que les deje a mis hijas
pero he visto
cómo se aprovechan de las maestras
comprando sus trabajos
al por mayor
como si fueran piezas hechas con una máquina
se imaginan que está bien fácil
que es barato y que las horas
que pasan ahí sentadas no cuentan

Mi padre me habla de mi abuela
de lo mucho que la amaba
y de cómo aprendió a trabajar el hilo
el hilo que ella usaba era estambre
me acuerdo de cómo me instruía con su voz
apenas perceptible sobre cómo había que ensartar
la aguja con precisión
y destreza
cosas que ella ya no tenía
y ahora con esfuerzo
trató de enseñármelas a mí
el poco tiempo que pasamos juntas
pero ya no me acuerdo de nada

HAY GENTE QUE NO SABE CUÁNTO CUESTA LO QUE UNO HACE
la señora de enfrente hace huipiles pero se los compra
    una tienda
y dan los textiles al triple de precio
de lo que una los vende
todos sabemos que cuando vienen los gringos es para
comprar todo bien barato
hay otro señor que dice
que él es quien hace los huipiles
huipileros no hay
solo huipileras
una hace lo que puede
a mí me va bien porque tengo mis conocidos
cada cierto tiempo vienen a verme
¿te dije que salí en un documental y que conocí al
    presidente?

La maestra Cleofas tiene en su casa que tiene como patio
la selva una pared de fotos con celebridades y famosos
que la conocen y a quienes les hecho huipiles me dice
que cada uno lleva algo de ella porque una parte de su
alma se queda en ellos cuando los hace

Hay una cierta belleza caleidoscópica
al ver las madejas
colocadas en el piso de tierra
mientras un gato pequeño juega
con un hilo suelto que cae de una canasta
es uno de los siete gatos ojiverdes
que conviven con las maestras

Todos los patrones nos fueron grabados un día
desde antes de nacer
pero los vamos redescubriendo
cuando crecemos
sólo las mayores tienen
un lienzo con todas las figuras
que aprendieron en su vida
lo consultan de cuando en cuando
observan la hechura, los nudos,
el brocado, la imagen hecha de hilo
la creadora vuelve a él
como si fuera un antiguo camino
que siempre la lleva a casa

Una trenza baja por su cuerpo
Hebras blancas y grises
urdimbre finamente colocada en la mollera
desteñido por el paso de su tiempo
del tiempo de una ciudad también
grisácea combinación trenzada
como la neblina matutina que baja
enredada por los árboles

A LAS JÓVENES YA NO LES INTERESA TEJER
les gusta otra ropa
más moderna, dicen
con colores menos vivos a veces
se aburren nomás de vernos
creen que es muy difícil
no les digo que no
porque esto tiene su chiste
y está bien
no las puedes forzar
antes era diferente porque solo teníamos esto
no me obligaron a aprender
pero cómo me gusta contar el tiempo con el hilo
la belleza está en las que se acercan
con curiosidad
preguntan el quehacer antiguo de las abuelas
y ellas
aprenden más rápido

La maestra Delfina aprendió el telar desde joven
su mamá la sentaba frente a las largas líneas
multicolores que se extendían desde sus brazos
hasta la columna más cercana
uno dos
uno dos
tramaba la hilaza
con movimientos mecánicos
y en un parpadeo
la Flor de Sol
la Garra de Tigre
el Águila Bicéfala
se dibujaban
frente al rostro de su madre

En este paraíso
rodeado de montañas
las nubes
besan nuestros pies

Para Tuxtepec salgo seguido
cuando me invitan a evento
me llevo mis huipiles en bolsas y los cuido
como si fueran mis niños
me voy en el camión que sale desde las 6am
para llegar cuando sale nuestro sol
es necesario quedarse mucho tiempo
uno nunca sabe cuándo pueda salir cliente

LA SUERTE ES LA PROMESA QUE ILUMINA NUESTROS OJOS
Para probar suerte
una se va a donde la llamen
tomamos el camión que atraviesa Usila
y que pasa por las calles
transitadas por la neblina
la bocina suena
y corta el sueño
de los mayores
la bocina chilla
y los comerciantes
salen como apariciones
que buscan un poco de luz

ME DIJERON QUE MI HUIPIL
PROTEGE MI ALMA
un rombo polícromo
nace desde mi pecho
se extiende con grecas
que apuntan a los 4 puntos cardinales
el Úo guarda mi alma
es el centro de mi cuerpo
el Úo protege nuestro espíritu
o eso es lo que me dijeron

NOS SENTAMOS A LA MISMA HORA
al mismo tiempo
como si fuéramos la copia de la otra
amarramos el telar de una columna
el lazo ajustado a mi cintura
me abraza por horas
creo que nadie en la vida
me ha abrazado nunca tanto

Cuando la maestra Delfina pasa la lanzadera
entre cada hilo
parece como si tocara un instrumento de cuerdas
sólo ella
escucha la música
que sale de la urdimbre

EL ORDEN EN EL QUE COMENZAMOS IMPORTA
una va trazando el camino
que la otra sigue
rayamos sobre los hilos extendidos
una marca con un lápiz
puede ser una crucita, un pequeño guion,
una tacha
es importante la marca
o si no, una se puede desviar del camino
mamá ya no la sigue
la guía la tiene bien metida en la cabeza, me dice
yo no puedo improvisar
aunque sea una línea rascuache
es indispensable para que yo
pueda seguir encontrándome

LA VIDA ENTRE ESTOS CERROS
se pasa diferente
el sol se pone dos veces
si aprendes a verlo bien
las historias de los jaguares también son ciertas
todavía andan algunos por aquí en la selva chinanteca
el hombre que se enfrentó a uno en completa oscuridad
y que vendió la piel del felino por dos mil pesos
era un amigo mío
las historias de los gigantes ocultos entre los árboles
también
¿cómo es que caen los frutos enteros si nadie los pone
tiernamente en el suelo?

LOS TEMORES SE MUDAN A LA CIUDAD
allá si da miedo andar de noche
aquí no nos cubrimos de las sombras
ni de ruidos los de la selva
las frutas caen en la noche
los pájaros se arrullan con el viento
el sonar de este río
nunca para

TRAZOS DE COLORES
hilo contra hilo
un telar
creador del tejido frente a mis ojos
el huipil pesa
por las historias que carga

LAS NUBES SE ABORREGAN
se atiborran en nuestro cielo
las aprieta el mismo tiempo
el que nos recorre a ti y a mí
y que ha caminado y corrido por aquí también
¿ya viste cómo se ven como bolitas de algodón?

Nunca sé qué hora es la que me recorre
cuando salgo a ver cómo tejen
yo solamente me guío
por lo que han hecho sus manos
si llevan mucho
pasó el tiempo más rápido que yo
si llevan la mitad del lienzo
aún es buena hora para regresar a dormir

LAS PALABRAS TAMBIÉN SE HILAN
a veces se agarran solitas
y terminan como un largo lienzo
a veces digo cosas que no tienen sentido
yo no sé tejer
ni mis propias palabras

El telar es sabio y enseña muchas cosas
me enseñó a mantenerme despierta
hasta tarde
a traducir las muchas historias
que contaba mi madre
me enseñó a dar amor con delicadeza
mis dedos:
trazadores de vías
me abro frente al telar
mis manos se trenzan
en su ser
y no me deja huir
hasta que el huipil tenga una forma
no, vestido no es
huipil no es bata
no es caftán
aunque esas palabras le quieran poner
huipil es casa
y libro

BOMBYX MORI
La historia comienza así
con un ser blanco
que se retuerce de a poquito
cuando los tocas
blancos como la leche bronca
blancos como el lienzo virgen
la oruga mueve su cabeza
oscilante
movimiento hipnótico
movimiento toráxico
su boca
creadora de hilares
capullos de seda
que iniciaron mi mundo

ÍNDICE